A Dama do Céu

A Dama do Céu

ALDIVAN TORRES

Canary Of Joy

Contents

1   A Dama do Céu   1

1

A Dama do Céu

Aldivan Teixeira Torres
A Dama do Céu

Autor: Aldivan Teixeira Torres
©2018-Aldivan Teixeira Torres
Todos os direitos reservados

Este e-book, incluindo todas as suas partes, é protegido por Copyright e não pode ser reproduzido sem a permissão do autor, revendido ou transferido.

Aldivan Teixeira Torres é um escritor consolidado em vários gêneros. Até o momento tem títulos publicados em nove línguas. Desde cedo, sempre foi um amante da arte da escrita tendo consolidado uma carreira profissional a partir do segundo semestre de 2013. Espera com seus escritos contribuir para a cultura Pernambucana e Brasileira, despertando o prazer de ler naqueles que ainda não tenham o hábito. Sua missão é conquistar o coração de cada um dos seus leitores. Além da literatura, seus gostos principais são a música, as viagens, os amigos, a família e o próprio prazer de viver. "Pela literatura, igualdade, fraternidade, justiça, dignidade e honra do ser humano sempre" é o seu lema.

A Dama do Céu
Nossa senhora aparecida
Nossa Senhora Aparecida
Aparecida-Brasil-1717
Milagres conhecidos de Nossa Senhora aparecida
Nossa Senhora da Apresentação
Nossa senhora de Lavang
Nossa senhora de Lichen
Nossa senhora de Lourdes
Primeira aparição
Segunda aparição
Terceira aparição
Quarta aparição
Quinta aparição
Sexta aparição
Sétima Aparição
Oitava Aparição
Nona aparição
Décima aparição
Décima Primeira aparição
Décima segunda aparição
Décima terceira aparição
Décima Quarta aparição
Décima quinta aparição
Décima sexta aparição
Décima sétima aparição
Décima oitava aparição
Conclusão
Nossa Senhora do Bom Socorro
Nossa Senhora da Esperança
Nossa Senhora de Pellevoisin
Um pouco sobre a vidente

A doença de Estela
Primeira aparição
Segunda aparição
Terceira aparição
Quarta aparição
Quinta aparição
Sexta aparição
Sétima aparição
Oitava aparição
Nona aparição
Décima aparição
Décima primeira aparição
Décima segunda aparição
Décima terceira aparição
Décima quarta aparição
Última aparição
Nossa senhora de Knock
As aparições na China
Nossa Senhora de Dong-Lu
Nossa Senhora de Qing Yang
Nossa senhora de sheshan

Nossa senhora aparecida

Barcelos-portugal-1702

Estávamos em agosto de 1702. O jovem João estava a pastorear o seu rebanho no Monte de Castro de Balugães quando se iniciou uma tempestade. Procurando abrigo num desvão duma lapa, ele se surpreendeu devido à aparição de uma bela senhora envolvida em luz.

—Por que o espanto, João? —Indagou a mulher.

—Estou com muito medo pois nunca vi nenhuma aparição—Respondeu o ex-mudo ficando instantaneamente curado.

—Acalme-se, Jovem. Sou a Nossa Senhora. Peço que dê um recado a seu pai de que desejo a construção duma Ermida neste lugar.

—Está bem. Darei o recado agora mesmo— Prontificou-se João.

—Muito obrigada—Agradeceu a Nossa Mãe.

O jovem saiu correndo em direção a sua casa cheio de alegria. Para ele, era uma honra ter sido escolhido como porta-voz daquela santa tão querida pela comunidade cristã. Era prudente, pois, realizar seu desejo o quanto antes.

Chegando em casa, encontrou o pai descansando no sofá da sala. Aproveitou a oportunidade para puxar conversa.

—Pai, preciso falar com o senhor.

—O quê? Você não era mudo?

—Fiquei curado. Pode me escutar?

—Sim, pode falar.

—Tenho um pedido a fazer: Quero que construa uma Ermida em honra de Nossa Senhora Aparecida.

—De onde você tirou esta ideia, garoto?

—Foi a santa que pediu.

—Santa? Pode me explicar melhor esta história?

—Ela me apareceu quando estava com meu rebanho no Monte De Castro de Balugães. Foi bastante clara em seu pedido.

—Você bebeu? Onde já se viu ver espíritos? Eu já sei: Você bebeu, sonhou e pensou que foi tudo real.

—Mas pai!

—Não acredito nisto. Conversa encerrada!

O jovem ficou entristecido durante o restante do dia. No dia posterior, voltou a pastorear no mesmo local de antes. Foi quando a estranha Senhora novamente apareceu.

—Como vai, João? Cumpriu minhas ordens?

—Sim, minha mãe. Porém, não adiantou de nada. Meu pai não acreditou em minhas palavras.

—Que insensível da parte dele! Volte para casa e reitere meu pedido. A fim de convencê-lo, peça para ele pão.

—Está bem, senhora. Farei como me pedes.

O menino novamente se apressou a chegar em casa. Neste momento, a curiosidade imperava sobre o que iria acontecer em relação ao seu pedido pois geralmente neste dia não tinham pão disponível. Mesmo assim, obedeceria a ordem da santa.

João sempre fora um menino tranquilo e comum, mas depois dos últimos acontecimentos se tornara inexplicavelmente misterioso e iluminado. Creditava esta mudança a obra de Deus em sua vida a qual era grandiosa.

Ao chegar em casa, encontrou o pai a descansar no mesmo local de antes. Então se aproximou novamente.

—Pai, a santa me apareceu novamente. Ela solicita a construção de sua Ermida mais uma vez.

—Outra vez esta história? Ainda não se cansou disso?

—Já que você não acreditou, ela diz: Dê-me pão.

—Pão? Não tenho nenhum comigo. Se quiser migalhas, tenho algumas no forno.

—Vá buscar para mim.

A contragosto, o senhor se levantou e foi verificar. Ao abrir o forno, qual não foi seu espanto ao vê-lo completamente cheio de pães.

—Assim diz nossa mãe: assim como converti migalhas em pães posso converter também seu coração duro.

—Meu Deus e minha mãe! Como fui tolo em não acreditar. Prometo realizar o pedido de Nossa mãe em urgência.

—Ainda bem, meu pai. Escreva ao bispo. Ele irá nos ajudar.

—Boa ideia.

Comunicaram os fatos a Diocese que através de investigação os comprovou. Foi edificado o templo da Virgem Mãe onde o mesmo menino trabalhou como sacristão até o fim dos seus dias. Com a aparição em Barcelos, Nossa Senhora se tornou a protetora especial do povo português.

Nossa Senhora Aparecida
APARECIDA-BRASIL-1717

Era a segunda quinzena de outubro de 1717. Estavam de visita em Guaratinguetá Pedro Miguel de Almeida Portugal e Vasconcelos,

Conde de Assumar e Governante da capitania de São Paulo e Minas de Ouro. No intuito de homenageá-los, alguns grupos de pescadores lançaram seus barcos no Rio Paraíba visando pegar peixes.

Dentre eles, os pescadores Domingos Garcia, João Alves e Filipe Pedroso rezaram para a Virgem Maria pedindo a ajuda divina. Foram várias tentativas de pescaria infrutíferas até que próximo ao Porto de Itaguaçu pescaram a imagem da Virgem Maria. Nas tentativas posteriores, pegaram tanto peixe que a embarcação mal podia com o peso deles.

A imagem ficou alojada na residência de Filipe Pedroso por quinze anos de onde recebia a visita dos fiéis para oração. Eram muitos relatos de milagres o que atraía cada vez mais pessoas de todas as partes do país. A solução foi transferir a imagem para um oratório e posteriormente foi construída uma capela que se transformou na basílica de hoje, o quarto templo mariano mais visitado do mundo.

Aos 16 de julho de 1930, Nossa Senhora da Conceição Aparecida foi proclamada padroeira do Brasil pelo Papa Pio XI. Já o feriado de 12 de outubro foi oficializado pela Lei número 6802 datada de trinta de junho de 1980. Nossa Senhora Aparecida é a protetora de todos os brasileiros.

MILAGRES CONHECIDOS DE NOSSA SENHORA APARECIDA

Milagre das Velas-1733

Era uma noite tranquila no oratório que abrigava a imagem da santa. Sem nenhum motivo aparente, as duas velas que iluminavam o local apagaram-se. Antes que pudessem reacendê-las, elas acenderam por si mesmas provocando grande admiração entre os presentes.

Queda das correntes-1850

Um escravo denominado Zacarias, ao passar próximo da Igreja onde se encontrava a imagem da santa, pediu permissão ao feitor para entrar no templo e rezar a Nossa Senhora. Concedido o pedido, ele adentra no santuário e se ajoelha diante da imagem rezando com fervor. Antes de terminar a oração, milagrosamente as correntes que o prendiam soltam-se o deixando completamente livre.

O cavaleiro

Um cavaleiro, de passagem por Aparecida, muito descrente de Deus, zombou dos romeiros ao ver a fé deles. Querendo provar sua hipótese, prometeu a si mesmo entrar de cavalo na Igreja. Antes, porém, de conseguir o seu intento, a pata do seu cavalo ficou presa na pedra da escadaria da Igreja derrubando-o. Depois disso, ele se arrependeu tornando-se também devoto da Virgem.

A cega

A família Vaz residia em Jaboticabal-SP e todos eram muito devotos de Nossa Senhora Aparecida. Dentre os entes familiares, a menina mais nova era cega de nascença. Ela nutria uma grande fé em Nossa Senhora sendo seu maior sonho conhecer a basílica da santa.

Por obra do espírito santo, a família realizou o sonho da menina no período de férias. Ao chegar próximo das escadarias da Igreja, repentinamente, a menina exclamou: —Mãe, como é linda esta Igreja! A partir deste dia, ela passou a enxergar normalmente aumentando o número de milagres atribuídos a padroeira do Brasil.

O menino no rio

O filho e seu pai dirigiram-se ao rio a fim de pescar. Esta era uma atividade rotineira para os dois com eles já possuindo experiência nisso. Mesmo assim, um acidente ocorreu: Devido à forte correnteza, o menino caiu dentro do rio sendo arrastado pela correnteza. Desesperado, o pai clamou pela ajuda de Nossa Senhora Aparecida. Imediatamente, a correnteza acalmou o que permitiu a salvação do menino através de seu pai.

O homem e a onça

Um agricultor estava a caminho de casa após um dia normal de labuta. Em dado momento, apareceu uma onça que o deixou amedrontado e encurralado. A saída foi clamar ajuda a Nossa Senhora Aparecida. A estratégia deu certo porque a onça simplesmente fugiu.

Nossa Senhora da Apresentação
Natal-Brasil-1753

Aos 21 de Novembro de 1753, pescadores encontraram um caixote de madeira numa das rochas próximas a Margem do Rio Potengi. Ao abrir a caixa, encontraram uma imagem de Nossa Senhora do Rosário acompanhada da seguinte mensagem: Aonde esta imagem aportar nenhuma desgraça acontecerá.

O padre da cidade foi comunicado da descoberta e como este o dia fora exatamente a data em que Maria foi apresentada ao templo em Jerusalém a imagem foi batizada como "Nossa Senhora da Apresentação" e proclamada padroeira da cidade. Este dia é feriado na cidade, dia de devoção da santa protetora de todos os Norte –Rio-grandenses.

Nossa senhora de Lavang
Vietnã-1798

Ao final do século XVIII, houve uma disputa entre os vários concorrentes ao trono vietnamita. Dentre eles, Nguyen Anh, solicitou apoio dos católicos e do monarca da França. Sabendo disso, Canh Thin, seu adversário, ordenou a destruição de todas as entidades católicas que o apoiassem.

.A saída para o pequeno grupo de cristãos daquele país foi se refugiar nas montanhas na zona entre fronteiras. Porém, seus adversários não descansavam em busca de aniquilá-los. Além disso, sofriam fome, frio, doenças e ataques de animais selvagens. Foi nesta situação extrema que certo dia Nossa Senhora se apresentou a um grupo de pessoas com um vestido longo branco com o menino Jesus aos braços e rodeada por anjos. Ela então entrou em contato com eles.

—Sou a Nossa Senhora. Meu coração está com vocês nesta situação difícil. Não desanimem! Peguem as folhas da Lavang, fervam-nas e tomem o chá. Desta forma, ficarão curados de suas doenças. Prometo também escutar todas as orações feitas neste local.

Dito isto, desapareceu feito fumaça. Neste local, foi erguida uma capela simples. Era o ponto de encontro dos fiéis que fugiam da perseguição. Durante quase cem anos de perseguição religiosa, a santa apareceu neste local várias vezes dando instruções e os animando. Nossa Senhora de Lavang tornou-se assim a protetora especial dos cristãos Vietnamitas.

Nossa senhora de Lichen

1850-Polônia

Estávamos no ano de 1813. Nesta época, havia uma revolução tomando conta da Europa provocada por Napoleão e seus soldados. Como em qualquer guerra, havia grandes perdas humanas a considerar. Podemos tomar como exemplo a batalha das nações nas quais se feriram cerca de oitenta mil combatentes.

Dentre tantos soldados, um deles chamado Tomasz Klossowski era devoto de Nossa Senhora. Todas as noites, insistia no pedido de que não morresse em terras estrangeiras. Numa dessas noites de fervor, a imaculada apareceu para ele vestindo um manto de ouro e com uma águia branca na mão.

—Sou a Nossa Senhora. Eu escutei suas preces. Você voltará a sua região. Quando isso acontecer, procure uma imagem parecida comigo e difunda a minha devoção.

—Muito obrigado, minha mãe. Fico feliz com a notícia. Farei conforme sua santa vontade.

—Fico feliz, bom servo. Deixo para você minha paz. Força e que esta guerra acabe logo.

—Assim seja!

A mãe de nós todos se elevou aos seus olhos e logo desapareceu na imensidão dos céus. Milagrosamente, este servo foi salvo de todos os perigos nas batalhas e ao final delas voltou a sua região de origem. Ao longo de vinte e três anos procurou a dita imagem terminando por encontrá-la. Colocou-lhe em sua casa e posteriormente em uma capela localizada numa floresta próxima.

Entretanto, apesar dos seus esforços, a devoção de Maria não se popularizou na região ficando a imagem abandonada na mata. Aos 15 de agosto de 1850, a santa se manifestou a um pastor que passava por ali.

—Sou a Nossa Senhora. Estou muito triste com a desolação desta imagem e preocupada com a maldade contaminando o mudo. As pessoas pecam continuamente, não pensam em fazer penitência e mudar de vida. Não passará muito tempo, e serão por isso severamente castigadas por Deus. Cairão mortas de repente e não haverá quem as enterre. Morrerão velhos, morrerão crianças no ato de serem alimentadas por suas mães. Rapazes e moças serão castigados, pequenos órfãos chorarão seus pais. Depois virá uma longa e terrível guerra.

—Você não poderia clamar a Deus para pelo menos amenizar estas desgraças? —Indagou Mikolaj Sikatka.

—Faço isso todo o tempo. A misericórdia do Pai Celestial é inesgotável, e tudo pode ser ainda mudado. Quando houver santos no país, este poderá ser salvo. O país precisa de santas mães. Eu amo vossas boas mães, sempre as ajudarei em cada necessidade. Eu as entendo: fui mãe, com muitas dores.

—Tem razão. A Polônia tem realmente extraordinárias mães. Como podemos retribuir esse carinho todo delas?

— As mais pérfidas intenções dos opressores, vossas mães as quebram. Elas dão ao país numerosos e heroicos filhos. No período de um incêndio universal, esses filhos arrebatarão a pátria livre e na sua maneira as salvarão.

—Fico feliz. Era o mínimo que poderíamos fazer.

—Esta é apenas uma ponta do Iceberg. O mal não descansa. Exemplo disso é que Satanás semeará a discórdia entre os irmãos. Não estarão ainda cicatrizadas todas as feridas, e não crescerá uma geração até que a terra, o ar e os mares se tinjam de tanto sangue como até hoje não se viu. Esta terra será impregnada de lágrimas, cinza e sangue de mártires da santa causa. No coração do país a juventude perecerá na fogueira do sacrifício. Crianças inocentes morrerão pela espada. Esses novos e incontáveis mártires suplicarão diante do trono da justiça de Deus por vós, quando se realizar a batalha final pela alma da nação, quando sereis julgados. No fogo de longas provações a fé será purificada, a esperança não desaparecerá, o amor não cessará. Andarei entre vós, vos defenderei, vos ajudarei, por vosso intermédio ajudarei o mundo.

—Bendita seja, minha mãe. Podemos ter esperança num final feliz para esta história?

—Para surpresa de todas as nações, da Polônia surgirá a esperança para a humanidade atormentada. Então todos os corações se moverão de alegria, como há mil anos não houve. Este será o maior sinal dado à nação, para que caia em si e para que se reconforte. Ela vos unirá. Então, nesse país atormentado e humilhado descerão graças excepcionais como não houve há mil anos. Os corações jovens se moverão. Os seminários e conventos estarão cheios. Os corações poloneses expandirão a fé no oriente e no ocidente, no Norte e no sul. A paz de Deus se estabelecera.

—Glória a Deus!

—Tenho um pedido especial a fazer: Desejo que as pessoas se unam em oração rezando o meu rosário. Da mesma forma, quero que os sacerdotes celebrem as missas com um maior comprometimento. Com relação a imagem, peço que a transfiram para um local mais adequado. No futuro, será construído um mosteiro e um santuário dedicados a mim. Por serem tão dedicados à minha causa, os cobrirei de bênçãos e glórias. Absolutamente nada poderá fazer mal a vocês.

—Farei o que estiver ao meu alcance, minha mãe. Pode ficar tranquila.

—Eu sei, bom servo. Deixo minha paz contigo!

—Obrigado!

Os anjos rodearam Nossa Senhora carregando-a pelos braços. Em seguida, voaram na direção do cosmo. O pastor ficou pensativo por alguns instantes sobre a melhor estratégia a ser adotada naquela situação. Terminou decidindo seguir exatamente os passos dados.

Passou-se um tempo. Apesar de todo o esforço desprendido pelo servo, ninguém lhe dava atenção. Com a sua prisão, a situação se agravou. O povo só reconheceu as mensagens da mãe de Deus após uma epidemia de cólera. Com isso, fizeram penitência. Também foi instaurado uma comissão cujo objetivo maior era verificar a veracidade da aparição. A conclusão deste processo se deu positiva.

A imagem foi transferida várias vezes até ficar em definitivo na sétima maior Igreja da Europa, a glória de sua região. Com o passar do tempo, a devoção à Virgem Mãe de Deus aumentou no país o que engradeceu o nome de Maria em toda a Europa. Nossa Senhora de Lichen é a protetora especial de todos os Poloneses.

Nossa senhora de Lourdes
França-1858

PRIMEIRA APARIÇÃO

11 de fevereiro de 1858-Uma quinta feira

Bernadete, sua irmã Marie e uma amiga foram enviadas ao campo visando pegar galhos secos. Costumeiramente, faziam de bom grado este trabalho que lhes dava a sensação de estar sendo útil. A caminho desta tarefa, combinaram de ir mais longe mais precisamente até o encontro da água do canal e o Gave.

No momento exato da travessia da água, próximo a uma gruta, as duas companhias de Bernardete começaram a atravessar a água enquanto a mesma ficava em dúvidas se poderia fazer isso também. Isso se explica por recomendação médica de não tomar friagem.

Passado uns cinco minutos, finalmente tomou coragem e começou a tirar as meias. Foi nesse exato momento que ouviu um barulho semelhante a ventania. Olhando para o lado oposto da gruta, percebeu as árvores paradas o que lhe acalmou um pouco. Retomou então o exercício de tirar as meias.

Pouco depois, ao levantar a cabeça na direção da gruta, visualizou uma madame vestida toda de branco. Segundo sua descrição, além do vestido, tinha um véu branco, um cinto azul, uma rosa em cada pé e segurava um terço. Assustada, a menina tentou pegar seu terço e fazer o sinal da cruz, mas não teve êxito na primeira tentativa. Com um pouco mais de tempo, ficou mais tranquila. Conseguiu fazer o sinal da cruz e iniciou a reza do terço.

Durante toda a oração, a estranha dama permanecia ao alcance dos seus olhos enigmaticamente. Ao término desta atividade religiosa, a aparição fez sinal para que se aproximasse. O medo, entretanto, impediu-lhe. Percebendo a fragilidade da menina, a bela dama se afastou e desapareceu na imensidão da gruta.

Sozinha, a querida garota terminou de tirar os sapatos. Atravessou a água indo se encontrar com suas companheiras. Após, cataram os galhos secos iniciando o retorno para casa. Incomodada por tudo o que tinha acontecido, ela entrou em contato com as outras.

—Vocês viram algo?

—Não, não vi. Você viu algo, Marie? —Perguntou a amiga.

—Também não vi. O que foi que você viu, irmã? —Questionou Marie.

—Se vocês não viram, também não vi—Desconversou Bernardete.

A estranha conversa deixou as outras garotas totalmente desconfiadas. Por isso, durante o caminho, não paravam de lhe fazer perguntas. Insistiram tanto que a vidente não teve outra opção senão contar.

—Está bem. Eu vi uma senhora com terço na mão na gruta. Ficamos um tempo a nos admirar e a rezar o terço.

—Quem era, irmã? —Indagou Marie.

—Não tive coragem de perguntar. O medo foi muito grande—Justificou Bernadete.

—Devia ter perguntado. Só assim não ficávamos na dúvida—Observou Marie.

—Interessante! Que pena não termos a visto! —Lamentou a amiga.

—Vocês guardam isto como segredo? Indagou Berna.

—Não se preocupe. Nossas bocas são como um túmulo—Garantiu a amiga.

—Exato! Ninguém deverá saber—Falou Marie.

A conversa se encerrou e as meninas continuaram cumprindo o trajeto. Ao chegar em casa, não cumpriram a promessa contando a história de aparição a todos. Esta foi em resumo a história da primeira aparição.

SEGUNDA APARIÇÃO

14 de fevereiro de 1858, um domingo

Voltando ao mesmo local na companhia de outras moças, Bernardete levou consigo uma garrafa de água benta. Corajosamente, adentraram na gruta iniciando as orações. Logo no início desta atividade, a estranha senhora novamente apareceu na visão da vidente.

Instintivamente, a clarividente começou a jogar água benta na aparição dizendo:

—Se tu vens da parte de Deus, que permaneça. Se não, que vá embora.

A visão sorria e movimentava a cabeça sem dizer nada o que aumentava a dramaticidade da situação. Afinal, quem seria ela e o que procurava? A água benta foi jogada nela até o fim. Quando se conclui o terço, a mulher misteriosamente desapareceu. Com isso, aquele grupo de jovens retornou para as suas respectivas casas.

TERCEIRA APARIÇÃO

18 de fevereiro de 1858, Uma Quinta-Feira

Voltando ao local com pessoas pertencentes à elite, a vidente levava consigo tinta e papel seguindo o conselho de alguns. Ao iniciar a reza do terço, novamente a mulher apareceu. Foi então estabelecido o primeiro contato.

—Se tens algo a dizer, diga que estarei anotando—Disponibilizou-se Bernadete.

—Não será necessário escrever o que tenho a dizer. Contudo, quer ter a graça de me visitar aqui durante quinze dias?

—Sim—Prontificou-se a serva de Deus.

—Fico feliz por sua decisão. Continue a oração com muita fé. Estarei sempre vos abençoando—Disse a aparição.

—Amém—Desejou a pequena garota.

Continuaram na oração do terço e ao final dela a visão novamente desapareceu. O mistério permanecia e então os que estavam na gruta retornaram para casa.

QUARTA APARIÇÃO

19 de fevereiro de 1858, uma sexta-feira

A vidente e cerca de seis amigas adentraram na gruta em busca da misteriosa mulher. Ao iniciar a reza do terço, a partir da terceira ave Maria, a visão da estranha senhora é bastante nítida durante cerca de trinta minutos. É o tempo suficiente para que ela transmita algumas orientações secretas de devoção. Quando se conclui o terço, misteriosamente desaparece. Como combinado, a profeta e as amigas prometem retornar no outro dia.

QUINTA APARIÇÃO

20 de fevereiro de 1858

Logo cedinho, Bernadete e mais trinta testemunhas chegaram na gruta. Assim que iniciaram as orações, a dama dos céus se revelou a serva. A lição do dia foi ensinar-lhe uma oração que deveria ficar em segredo. Ao terminar esta tarefa, despediram-se. Mais um dia havia sido cumprido.

SEXTA APARIÇÃO

21 de fevereiro de 1858

Bernadete retornou a gruta com um contingente de cem pessoas. As sete horas da manhã, a gloriosa madame se apresentou:

—Bom dia! Que a paz esteja contigo!

—Assim seja. O que deseja por hoje?

—Vim recomendar-lhe que persevere no seu caminho. Em especial, ore pelos pecadores.

—Farei isto. Mas ás vezes as pessoas são tão rudes e insensíveis.

—É verdade. Porém, Deus tudo pode. Ele solicita sua cooperação.

—Sinto-me agraciada com este convite. Não quero nada em troca por isso.

—Você não quer, mas Deus te dará. Eu vos prometo a felicidade.

—Aqui? Neste mar de maldade?

—Na terra vos prometo segurança e paz. A felicidade será alcançada nos céus.

—Que seja feita em mim conforme vossas palavras.

—Amém! Paz e bem! Vou ter que ir agora.

—Vá em Paz!

Sumindo na escuridão da gruta, a iluminada deixou os servos a rezar. Com certeza, mais bênção seriam enviadas por aquele ser de pura luz.

Saindo da gruta com a multidão, a vidente iniciou o retorno para casa. Neste ponto da história, as aparições já eram de conhecimento de muitas pessoas o que gerava cada vez mais boatos.

Um dos que ficara sabendo deste fato, foi o delegado da cidade Dominique Jacomet. Ele era um homem bruto descrente das religiões primando pela boa ordem pública. A repercussão das aparições era tanta lhe forçando a investigar o caso. Com isso, a clarividente foi chamada para depor.

Por ser uma cidadã cumpridora dos seus deveres, ela atendeu sua convocação sabendo que não tinha nada a temer. Na tarde deste mesmo dia, ela visitou o oficial em seu trabalho. Reunindo-se em uma sala particular, começou a ser interrogada.

—Senhorita, vos chamei aqui para que dê esclarecimentos. É sabido em toda comunidade das prováveis aparições. O que me diz sobre isso? —Indagou o delegado.

—Tenho a honra de ter sido escolhida pelas forças do céu. De nenhuma força isso me engrandece ou me enobrece. Apenas faço parte dum plano maior—Respondeu a entrevistada.

—Como é que é? Está tentando me convencer de que isso é verdade? Logo a mim?

—Não me admire que possa acreditar. Afinal, Deus tudo pode.

—Bobagens! Eu não acredito em fadas, duendes, boi da cara preta ou mesmo espíritos! Já não me basta me preocupar com os processos? Agora também terei que cuidar de alienadores?

—Não é nenhuma alienação. E apenas a ação de Deus!

—Chega! Já tirei minhas próprias conclusões! A partir de agora, lhe proíbo de voltar a gruta.

—Mas que mal faço?

—Apenas não quero que isso se torne algo maior. Volte para casa e obedeça.

—Respeito sua autoridade, mas não posso prometer isso.

—Está avisada. Caso insista, vai ter que aguentar as consequências. Pauta encerrada!

Bernadete saiu da sala e da delegacia. A audiência com o delegado tinha lhe deixado apreensiva. Conquanto, carregava em seu peito a certeza de que nenhum homem poderia ser maior do que Deus. Pensaria em algo sobre isso. Chegando em casa e contando sobre a entrevista com o delegado, o pai a repreendeu fortemente proibindo-lhe seu acesso a gruta. A jovem caiu em prantos por saber que tudo ficaria mais difícil em relação ás suas pretensões.

SÉTIMA APARIÇÃO
22 de fevereiro de 1858

O delegado estava convicto de sua decisão. Visando dar cumprimento ás suas ordens, colocou soldados guarnecendo a gruta. Embora estivesse proibida, a corajosa menina insistiu na promessa feita a Deus. Milagrosamente, os adversários não se aperceberam de sua presença e ela pode entrar naquele local sagrado. Como de costume, orou em voz baixa. Entretanto, nada aconteceu. Desta vez, a visita não tinha chegado. Voltando a cidade, soube da suspensão da proibição. Esta foi uma vitória pessoal do cristo contra Satanás.

OITAVA APARIÇÃO

24 de fevereiro de 1858

Era uma calorosa e tranquila quarta-feira. Próximo a gruta, havia cerca de trezentas pessoas. O anticristo bradava contra multidão.

—Como é possível que em pleno século XIX haja ainda tantos idiotas?

Em resposta, os devotos Marianos entoavam cânticos em honra a Virgem. Bernadete entra em êxtase por alguns instantes. Geralmente, é nestes momentos que recebe as mensagens. Voltando-se a multidão, a venerável mulher conclama:

—Penitência, penitência, penitência! Rezai a Deus pela conversão dos pecadores!

Em lágrimas, a multidão promete cumprir o pedido. As forças das trevas tinham perdido mais uma batalha frente ao poder de Nossa Senhora. A figura dela pisando numa cobra representa a esperança dos humildes em Deus. Bendita seja a nossa mãe!

NONA APARIÇÃO

25 de fevereiro de 1858

A vidente e mais trezentas pessoas se encontram nas proximidades da gruta quando a dita aparição surge.

—Bom dia, minha amada amiga. Sua tarefa de hoje é ir à fonte e lavar-te. Comerás da erva que lá está.

—Farei isto agora mesmo—Prontificou-se a querida serva.

A clarividente fez conforme o pedido da santa. A visão despareceu e a jovem se viu obrigada a dar por encerrado os trabalhos do dia. Comparecendo diante da multidão que lhe esperava ansiosamente, perguntaram:

—Sabes que acham que estás louca por fazeres essas coisas?

—É pelos pecadores—Responde a venerável devota.

Com o assunto encerrado, voltaram cada um as suas respectivas casas.

DÉCIMA APARIÇÃO
27 de fevereiro de 1858

Cerca de oitocentas pessoas comparecem a este ato. Bernadete bebe água sagrada, se penitencia e faz correntes de orações. A estranha senhora observa tudo isso em silêncio.

DÉCIMA PRIMEIRA APARIÇÃO
28 de fevereiro de 1858

A plateia aumenta cada dia. Agora são mil pessoas assistindo a vidente entrando em êxtase, orando, beijando a terra e de joelhos em sinal de mortificação. Por conta da repercussão destes atos, é levada diante do juiz sendo a mesma ameaçada de prisão. Novamente, as forças das trevas agiam tentando atrapalhar o caminho desta discípula de cristo.

DÉCIMA SEGUNDA APARIÇÃO
01 de março de 1858

A fama das aparições crescia cada vez mais. Em consequência disso, o público expectador desse dia superava as cinco mil pessoas. Seguiu-se o mesmo ritual das outras vezes com a força da luz acompanhando tudo. Com a saída de todos, Catarina Latapie, uma amiga da vidente, foi a gruta acreditando no poder milagroso da fonte que ali se encontra. Ao molhar o braço doente, o braço e a mão misteriosamente são curados resultando na volta dos movimentos. Estava ali a prova de que Deus agia naquele lugar.

DÉCIMA TERCEIRA APARIÇÃO
02 de março de 1858

A multidão aumenta consideravelmente. Assim que se inicia a corrente de orações, a madame aparece.

—Bom dia, minha amiga de coração. Tenho um pedido a fazer no dia de hoje: Vai dizer aos sacerdotes que venham aqui em procissão e que construam uma capela.

—Bom dia! Vou repassar a mensagem agora mesmo.

Deslocando-se até o grupo de padres ela entra em contato.

— A senhora que aparece a mim pede para que organizem uma procissão a este lugar e que se construa uma capela.

—Exijo duas coisas para isso: Quero saber o nome dessa Senhora e ver um milagre. Não acreditarei nela enquanto não fazer florir a roseira brava da gruta—Replicou o Pe. Peyramale.

—Repassarei suas exigências, caro sacerdote—Concordou Bernadete.

Voltando junto a aparição, faz a pergunta, mas a visão permanece em silêncio. Pouco depois, some entristecendo todos os expectadores. Ainda não tinha sido desta vez.

DÉCIMA QUARTA APARIÇÃO
03 de março de 1858

Pela manhã, a vidente comparece a gruta acompanhada por cerca de três mil pessoas. Apesar de todas as etapas rituais terem sido seguidas à risca, a visão não aparece deixando um pouco de frustração nas pessoas. Mais tarde, a vidente recebe uma mensagem da mulher pedindo seu retorno a gruta. Lá, ela se manifesta novamente. Seguindo o pedido do padre, a jovem faz a mesma pergunta de sempre. Em resposta, recebe um sorriso. Ao sair da gruta, ela volta a entrar em contato com o padre que reitera sua exigência: "Se ela quer mesmo uma capela, que diga seu nome e faça florir a roseira da gruta em pleno inverno".

A jovem abençoada retorna para casa cheia de esperanças de ver este milagre cumprido. Afinal, não existe nada impossível a Deus.

DÉCIMA QUINTA APARIÇÃO
04 de março de 1858

A multidão aumenta consideravelmente: Agora são oito mil pessoas em busca duma resposta pessoal da visão tão deslumbrante. Contrariando todas as expectativas, a mulher permanece em silêncio diante de todas as perguntas. O mistério em torno desta figura ficava cada vez maior. Durante vinte dias, Bernadete não retorna a gruta.

DÉCIMA SEXTA APARIÇÃO
25 de março de 1858

Era uma manhã serena e acalorada quando a garota novamente entrou na gruta. Como de costume, começou a rezar o terço. Nisto, a iluminada apareceu.

—Estou aqui novamente. Tende fé em Deus e em mim. Eu me chamo a Imaculada Conceição.

—Tenho muita fé. Repassarei sua mensagem aos padres.

Saindo correndo alegremente, a serva de Deus contou o ocorrido aos sacerdotes. Eles se impressionam, pois, o título "Imaculada Conceição" havia sido dada como honra a Nossa Senhora e tida como um dogma. O mistério estava, pois, solucionado.

DÉCIMA SÉTIMA APARIÇÃO
07 de abril de 1858

Diante da multidão, Bernadete acende a vela. Sua mão foi envolvida em chamas durante este processo. Ao final deste ato, verificou-se que ela não sofreu nenhuma queimadura aumentando o rol de milagres da virgem Imaculada.

DÉCIMA OITAVA APARIÇÃO

O acesso à gruta fora proibido para infelicidade de todos os fiéis de Nossa Senhora. Como alternativa, Bernadete usa outra rota a fim de se aproximar no local. A visão que tem é de Nossa Senhora do monte Carmelo acenando em despedida. Encerrava-se assim esse ciclo de aparições.

CONCLUSÃO

Quatro anos depois, as visões foram dadas como autênticas. A vidente entrou na congregação das filhas da caridade onde ficou até sua morte. Sua canonização se concretizou aos 08 de dezembro de 1933.

Nossa Senhora do Bom Socorro

09 de outubro de 1859

Champion Wisconsin-EUA

A freira Adele e outros vizinhos foram buscar trigo nas proximidades de Champion. Em dado ponto, ela foi surpreendida com a aparição duma mulher em pé entre duas árvores. A senhora usava vestes brancas, seu cabelo era ruivo, olhos escuros e profundos poderosamente fixados na jovem. Cheia de medo, a nossa irmã em cristo ficou pensando no que deveria fazer até que a visão simplesmente desapareceu. Ela então voltou ao convento.

Mais tarde, passando pelo mesmo local, voltou a ver a imagem. Ao chegar ao convento, ainda assustada, revelou o segredo ao seu confessor pessoal:

—Padre, uma mulher apareceu para mim duas vezes. O que devo fazer?

—Entre em contato com ela. Se for do céu, não lhe fará mal algum.

—Está bem!

Seguindo o conselho dele, a freira retornou ao local das aparições. Como esperado, apareceu à mesma senhora. Mais calma, ela entrevistou a visão.

—Quem é? E o que quer de mim?

— Eu sou a Rainha do Céu, que reza pela conversão dos pecadores, e desejo que vocês façam o mesmo. Você recebeu a Sagrada Comunhão esta manhã e está bem. Mas você deve fazer mais. Faça uma Confissão geral e ofereça a Comunhão pela conversão dos pecadores. Se eles não converterem e fizerem penitência, meu Filho será obrigado a puni-los. Felizes os que creem sem ver. O que você está fazendo aqui na ociosidade enquanto seus companheiros estão trabalhando na vinha do meu Filho? Reúna as crianças deste país selvagem e ensine-lhes o que devem saber para a salvação. Ensine-os o Catecismo, como fazer o Sinal da Cruz e se aproximar dos Sacramentos. Isto é o que eu desejo que você faça. Vá e não tenha medo. Eu vou ajudar.

—Estou honrada com a entrega dessa missão tão gloriosa. Bendita seja entre todas as mulheres!

—Bendito seja o Nosso Deus!

—Farei o que me pede.

—Fique em paz então! Que unamos nossas forças para que mais pecadores se convertam! Eu não quero a perdição de nenhum destes pequenos.

—Nem eu! Obrigada, minha mãe!

—Por nada, filha!

Dito isto, a madame se elevou a olhos vistos indo se reunir aos anjos no céu. Esta foi mais uma das aparições registradas visando sua maior glória. Bendita seja a nossa mãe!

Nossa Senhora da Esperança
Pontmain-França-1871

Por volta das seis da tarde do dia 17 de janeiro, Eugênio Barbeiete cuidava de seu irmão menor. Neste momento, chegara a vizinha chamada Joana Details. Ela veio para conversar um pouco e matar as saudades dos seus queridos amigos. Com a interrupção de seus afazeres, Eugênio teve vontade de sair um pouco e assim o fez.

Neste instante, surpreendeu-se ao visualizar uma senhora flutuando alguns metros acima duma casa vizinha. A bela mulher resplandecia como o sol. Sua vestimenta era azul adornada com brilhantes estrelas e seu par de sapatos eram azuis com fivelas de ouro. Além disso, usava na cabeça um véu preto cuidadosamente sobreposto por uma coroa de ouro.

O menino ficou admirando a figura por um tempo. Pouco depois, a vizinha saiu também para fora e ele aproveitou a situação para falar com ela.

—Joana, a senhora não enxerga nada lá em cima da casa do vendedor de fumo? —Perguntou a criança apontando com o dedo indicador para a o local da visão.

—Não vejo nada, meu filho—Disse categoricamente a vizinha.

Nisto, os pais do garoto também saem, mas não conseguem ver nada. Já o menino mais novo visualiza a mesma imagem. Os outros não acreditam em suas versões e lhes obrigam a entrar na casa para jantar. Mais tarde, obtém licença para sair novamente. Lá estava novamente a visão e eles ficam maravilhados.

A notícia da aparição percorreu o povoado e logo se juntaram aos menos uma boa quantidade de pessoas. Dentre eles, apenas duas alunas do convento conseguem descrever a visão. O padre incitou os outros a rezar e entoar cânticos. Com isso, fatos notáveis aconteceram. Passaram-se três horas até a visão desaparecer por completo. A mensagem dada nesta oportunidade é a seguinte: "Mas rezai, meus filhos; Deus vos atenderá dentro em breve; meu filho está prestes a comover-se."

Nossa Senhora de Pellevoisin
Pellevoisin - França – 1876

UM POUCO SOBRE A VIDENTE

Nascia, aos 12 de setembro de 1839, Estela Faguette. Menina doce e encantadora, logo recebe as instruções religiosas e educacionais necessárias em sua infância. Aos onze anos, algo marcante aconteceu em sua vida: Foi a escolhida da comunidade a levar o pendão de Nossa Senhora na procissão comemorativa do dogma da Imaculada Conceição. Foi muito especial este momento que lhe proporcionou alegria e uma aproximação maior com a mãe de Deus.

Três anos mais tarde, foi obrigada a mudar para Paris buscando melhores condições de vida para a família. Nesta época, começa a frequentar um convento o que amadurece sua devoção por Maria. Gosta tanto do ambiente que acaba começando o processo de integração religiosa. Por três anos consecutivos, faz um belo trabalho de pregação envolvendo também o auxílio aos mais necessitados. Ao final deste tempo, é obrigada a deixar a vida religiosa indo trabalhar em casa de família a fim de ajudar seus pais.

Na estação quente, seus patrões mudam para a casa de verão localizada próximo de Pellevoisin. Estela e seus pais os acompanham.

A DOENÇA DE ESTELA

Estela adoece gravemente. Mais perto da filha, os familiares da empregada dão o suporte afetivo necessário para ela neste momento. Seu estado de saúde fica tão delicado a ponto de seus patrões comprarem um terreno no cemitério da cidade. Ao catorze de fevereiro, seu médico pessoal lhe dá o ultimato: Não tem mais do que poucas horas de vida. Nesta ocasião, a garota já tem se conformado com o seu fim. Pelo menos, se sente amparada ao lado dos pais.

As doenças malditas que lhe infligiam sofrimento são: Tuberculose pulmonar, peritonite aguda e tumores abdominais. Meses antes, movida por sua última esperança de ficar curada, escrevera uma carta endereçada a Virgem Maria enviada exatamente para a gruta dedicada à Nossa Senhora de Lourdes. Eis o conteúdo da carta:

"Ó minha boa Mãe, eis-me de novo prostrada a vossos pés. Não podeis recusar ouvir-me. Não esquecestes que sou vossa filha, que vos amo. Concedei-me, pois, pelo vosso divino Filho, a saúde do corpo, para sua glória.

Olhai a dor de meus pais, sabeis bem que não me têm senão a mim como recurso. Não poderei acabar a obra que comecei? Se não puderdes, por causa dos meus pecados, obter-me a cura completa, podereis ao menos obter-me um pouco de força para poder ganhar a vida e a de meus pais. Bem vedes, minha boa Mãe, eles estão em vésperas de ter de mendigar o pão, não posso pensar nisso sem ficar profundamente aflita.

Recordai-vos dos sofrimentos que suportastes, na noite do nascimento do Salvador, quando fostes obrigada a ir de porta em porta pedindo asilo! Recordai-vos também do que sofrestes quando Jesus foi colocado na Cruz! Tenho confiança em vós, minha boa Mãe, se quiseres, o vosso Filho pode curar-me. Ele sabe que desejei vivamente ser do número das suas esposas e que foi para lhe ser agradável que sacrifiquei a minha existência pela minha família que tanto precisa de mim.

Dignai-vos escutar as minhas súplicas, minha boa Mãe, e transmiti-las ao vosso divino Filho. Que Ele me devolva a saúde se for do seu agrado, mas que seja feita a sua vontade e não a minha. Que pelo menos me conceda a resignação total aos seus desígnios e que isso sirva à minha salvação e à de meus pais. Possuís o meu coração, Virgem Santa, guardai-o sempre e que ele seja o penhor do meu amor e do meu reconhecimento pela vossa maternal bondade. Prometo-vos, minha boa Mãe, se me concederdes as graças que vos peço, de fazer tudo quanto de mim depender para vossa glória e do vosso divino Filho.

Tomai sob a vossa proteção a minha querida sobrinha e colocai-a ao abrigo dos maus exemplos. Fazei, ó Virgem Santa, que vos imite na vossa obediência e que um dia possua convosco, Jesus, na eternidade."

Como resposta a esta carta, iniciaram-se a sequência de aparições tidas como autênticas pela comunidade cristã.

PRIMEIRA APARIÇÃO
14 de fevereiro de 1876

É noite do dia 14 de fevereiro de 1876. A serva de Deus se encontra num momento muito frágil. Perto da meia noite, aparecem umas duas figuras à beira de sua cama. Acompanhe a descrição da própria vidente: "De repente, o diabo apareceu ao pé da minha cama. Ó! Como tive medo. Era horrível, fazia-me caretas quando me apareceu a Virgem do outro lado da cama".

Nisto, o diálogo entre eles começou:

—Que fazes aqui? Não vês que Estela está revestida da minha libré (escapulário)? —Indagou Maria se referindo a Satanás.

—Vim porque quero vê-la em seus últimos momentos. Isto me dá muito prazer—Disse Sarcasticamente Satanás.

—Monstro! Porque ages assim? —Indagou a empregada.

—Porque sou o demônio, ora bolas—Respondeu Satanás.

—Calma, minha filha. Não tenha medo nenhum deste monstro—Pediu Maria.

—Tenho firme convicção de que vou ficar bem—Afirmou a doente.

—Que bom! —Alegrou-se Maria.

As figuras desaparecem na escuridão da noite sem maiores explicações. Esta foi a primeira dita experiência espiritual da moribunda.

SEGUNDA APARIÇÃO
14 de fevereiro de 1876

Nessa mesma noite, na madrugada, A virgem reaparece mostrando-se com um olhar preocupado e cuidadoso em relação a sua serva.

—Estou aqui, minha filha. Quero ampará-la em meus braços diante de sua fragilidade—Anunciou a Imaculada.

—Obrigada, minha mãe. Entretanto, estou ainda muito perturbada com os pecados que cometi no passado e que aos meus olhos eram faltas ligeiras—Comentou a doente.

— As poucas boas ações e algumas orações fervorosas que me dirigiste tocaram o meu coração de mãe, estou cheia de misericórdia—Revelou a nossa mãe.

—Estas palavras me tranquilizam—Afirmou a venerável cristã.

—Ainda bem! Tenho três notícias a lhe dar: Durante cinco dias consecutivos, irei ver-te; Sábado, morrerás ou ficarás curada; se meu filho te conceder a vida, publicarás a minha glória—Disse Maria.

—Estou comovida. Suplico que me diga se vou ficar curada ou não—Pediu encarecidamente a devota de Maria.

—Concedo. Recebi sua carta e digo que ficará curada—falou a Iluminada.

—Glória a Deus e bendita és tu entre as mulheres. Não sei como agradecer tamanha graça.

—Faça o bem sempre e já somos recompensados. Encare este período difícil como uma prova.

—Seguirei seu conselho—Prometeu Estela.

—Fico feliz. Agora vá dormir, minha filha.

Dito isto, a mãe de Deus desapareceu no meio da noite escura. Cansada, a moribunda dormiu sentindo-se um pouco melhor. O dia posterior seria mais um momento de provação e purificação de sua alma.

TERCEIRA APARIÇÃO

15 de fevereiro de 1876

Estela pensou em todos os fatos ocorridos em sua breve vida. A sua existência fora uma reunião de coisas boas e ruins com predominância dos fatos bons. Então pensou: Por que não morrer agora em estado de graça?

Assim que a virgem apareceu na beira do seu leito, ela se propôs a contestar isso.

—Boa noite, minha filha. Está melhor? —Indagou a virgem.

—Um pouco melhor. Minha mãe, com todo respeito, se eu pudesse escolher, gostaria de morrer enquanto estou bem preparada—Solicitou a moribunda.

— Ingrata! Se o meu Filho te devolve a saúde, é que tens necessidade. Se o meu Filho se deixou tocar, foi por causa da tua grande resignação e paciência. Não lhe percas o fruto por causa da tua escolha—Sentenciou a imaculada.

—Mil perdões. Realmente não conheço os desígnios do pai. Aceito com resignação continuar a missão—Rebaixou-se a serva.

—Ainda bem que você refletiu. Deixo minha paz e a felicidade contigo. Melhoras!

Dito isto, Maria elevou-se até desaparecer por completo. Uma onda de satisfação e de alegria preencheu o espírito de Estela. Ela tinha muito que aprender.

QUARTA APARIÇÃO

16 de fevereiro de 1876

A devota Mariana melhorou um pouco de saúde desde as últimas aparições. Corpo e mentes iam reagindo pouco a pouco mesmo diante duma doença altamente perigosa. Quem é como Deus? Para ele, nada é impossível. Sentindo-se satisfeita, esta serva venerável continuava a receber as visitas da bem-aventurada Virgem Maria.

Na noite deste respectivo dia, ela sentou à beira da cama entrando novamente em contato.

—Minha bem-aventurada Virgem, porque escutaste justamente a mim, uma pobre pecadora? —Perguntou Estela.

—Eu lhe explico. Essas poucas boas ações e algumas orações fervorosas que me dedicaste, tocaram o meu coração de Mãe; entre outras, essa pequena carta que me escreveste em setembro de 1875. O que mais me tocou, foi esta frase: vede a dor dos meus pais se viesse a faltar-lhes. Estão em vésperas de mendigar o pão. Recordai-vos que também sofrestes quando Jesus vosso Filho foi posto na Cruz. Mostrei esta carta a meu Filho—Revelou Maria.

—E o que ele disse? —Curiosamente Estela.

—Que iria te curar. Em troca, você deveria publicar minha glória—Confirmou a mãe de Deus.

—Mas como ei de fazer? Não sou grande coisa, não sei como poderia fazer isso—Ficou em dúvidas a serva de Maria.

—Eu te iluminarei. Cada coisa a seu tempo. Agora descanse, minha filha—Recomendou a Iluminada.

—Certo. Obrigada mais uma vez—Agradeceu a jovem.

Num instante, ela voltou a ficar a sós com seus próprios fantasmas. O futuro parecia grandioso e prometedor neste momento.

QUINTA APARIÇÃO
17 de fevereiro de 1876

Era uma noite comum como outra qualquer. Repentinamente, apareceu a figura de Maria se aproximando com seu sorriso habitual.

—Estou aqui para lembrar suas obrigações visto que está um pouco melhor—Disse Maria.

—Assim que melhorar por completo, prometo cumprir todas elas—Garantiu a serva.

—Fico feliz. Quer ser minha devota fiel? —Indagou Maria.

—O que devo fazer? —Perguntou Estela.

—Se você quiser me servir, seja simples e deixe que suas ações provem suas palavras—Analisou a santa.

—E se eu me mudar para outro lugar? —Questionou a devota.

—Onde quer que esteja, o que você faz, pode ganhar bênçãos e proclamar minha glória—Falou Maria.

Fazendo uma pausa, a mãe de Deus se entristeceu um pouco e em seguida continuou:

—O que mais me entristece é ver que as pessoas não têm respeito com meu filho na Eucaristia e da forma como as pessoas rezam enquanto suas mentes estão em outras coisas. Digo isto para aqueles que fingem ser piedosos.

—Posso imediatamente proclamar sua glória? —Indagou Estela.

—Sim! Sim, mas primeiro pergunte ao seu confessor o que ele pensa. Você encontrará obstáculos, será provocada e as pessoas vão dizer que você é louca. No entanto, não dê atenção a elas. Seja fiel a mim e eu vou ajuda-la—Disse a Virgem.

A Imaculada desapareceu como fumaça. Seguiu-se um período de excitação, sofrimento e dor para a doente. Exatamente ás 12:30 já se sentia melhor. À noite, revelou seu confessor as aparições. Seguindo seus conselhos, participou da missa posterior onde ficou completamente curada. Bendita seja a nossa santa Mãe!

SEXTA APARIÇÃO
01 de julho de 1876

Estela retomou suas atividades normais. Particularmente, estava engajada na promoção da devoção de nossa senhora como uma forma de gratidão pela sua cura. Nesta atividade, se sentia feliz, realizada e com uma paz indescritível.

Após o dia de labuta normal, esta serva se encontrava reunida em seu quarto em oração. Próximo das dez horas da noite, lhe apareceu a virgem cercada de luz.

—Fique calma, minha filha, paciência, será difícil para você, mas estou com você—Garantiu a Iluminada.

A devotada serva se encontrava tão em estado de êxtase que não pode responder. A mãe de Deus permaneceu ali por alguns instantes e ao despedir-se disse:

—Coragem, eu devo retornar.

Elevando-se aos céus, Maria lhe abençoou. A empregada ficou pensando em todos os acontecimentos. Mais tarde, se rendeu ao cansaço indo dormir.

SÉTIMA APARIÇÃO
02 de julho de 1876

Os dias eram bastante corridos para este doce jovem. Apesar de estar sempre ocupada em seus afazeres, não parava de pensar nas aparições e no que elas representavam em sua vida. Por isso, não esperava da noite chegar e reencontrar a amada mãe.

Exatamente ás 10:30 Hs foi para cama esperando ver mais uma visão paranormal. Conquanto, estava tão cansada que adormeceu. Uma hora depois acordou e rezou suas orações habituais. Foi quando recebeu novamente a visita da bem-aventurada mãe de Deus.

—Estou satisfeita com seu trabalho. Através de você, muitos pecadores irão se converter para uma nova vida. Continue, meu filho ganhou mais almas que se dedicaram a ele mais profundamente. Seu coração é tão cheio de amor para o meu coração, que ele nunca pode recusar-me qualquer coisa. Para mim, ele vai tocar e amolecer os corações mais duros—Confidenciou a Virgem Maria.

—Peço-vos um sinal. Minha boa mãe, por favor, para sua glória—Solicitou a serva.

—E a sua cura, não é uma grande prova do meu poder? Eu vim especialmente para salvar os pecadores—Disse Maria.

—Sim, é verdade, minha mãe—Concordou a devota.

—Com relação a milagres, deixe o povo ver isso—Concluiu Maria.

Dito isto, a iluminada desapareceu sem maiores explicações. O trabalho de hoje estava cumprido. Esgotada, a serva de Deus adormeceu novamente.

OITAVA APARIÇÃO
03 de julho de 1876

A empregada de Maria se encontrava em reflexão em seu quarto quando novamente recebeu a visita da rainha dos céus. Nesta ocasião, estava tão bela quanto das outras vezes.

—Quero que você seja mais calma, mais tranquila, eu não disse que dia ou hora eu vou retornar, mas você precisa descansar—Repreendeu-lhe a Virgem.

Antes que a serva de Maria pudesse responder e mostrar como de fato se sentia diante da grande missão apresentada, a virgem lhe sorriu e concluiu:

—Eu vim para acabar com a festa.

A visão se evaporou em seguida. Cada uma destas visões ia criando uma espécie de filme interessante para toda a comunidade católica. Era uma honra para aquela jovem moça ser protagonista de todas estas revelações. Continuaria, pois, em seu trabalho.

NONA APARIÇÃO
09 de setembro de 1876

Nossa amada amiga serva se encontrava rezando o rosário em seu quarto quando teve novamente a visão. Nossa senhora surgiu na figura duma bela mulher. Olhando ao derredor, a aparição constatou:

—Você se privou da minha visita em quinze de agosto, porque não estava calma o suficiente. Você tem um caráter Francês verdadeiro: Eles querem saber tudo antes de aprender e compreender tudo antes de conhecer. Eu poderia ter voltado atrás, você se privou da minha visita porque eu estava esperando por um ato de submissão e obediência suas.

—Eu não estava me sentindo preparada. Antes tarde do que nunca, não é? —Indagou a serva.

—Sim, tem razão. Continue cuidando das minhas ovelhas—Recomendou a Virgem.

Dito isto, olhou para os céus e desapareceu num instante. Sua venerável devota ficou feliz por este encontro depois de tanto tempo.

DÉCIMA APARIÇÃO
10 de setembro de 1876

Neste dia, a mãe de Deus apareceu a santa Estela mais ou menos na mesma hora do outro dia. Foram apenas poucos instantes em que ela ficou no quarto aproveitando para dizer:

—Eles devem orar. Vou lhes dar um exemplo.

No instante posterior, ela junto as mãos e acenou em despedida. Em seguida, a empregada foi descansar dos seus longos trabalhos ao longo do dia. Porém, estava satisfeita com os resultados dos seus esforços.

DÉCIMA PRIMEIRA APARIÇÃO
15 de setembro de 1876

Foram cinco dias longos em que a vidente esteve em um retiro interno espiritual. Conciliando trabalho e vida religiosa, a jovem se sentia completamente realizada em seus propósitos. Mas parecia que havia um bloqueio em sua vida. Foi por conta disto que a Virgem lhe apareceu novamente.

Como sempre, teve a visão num momento de reflexão e oração em seu quarto. Plenamente iluminada, Maria demonstrou um semblante triste e preocupado para a serva.

—Boa noite, minha Senhora, que bom que veio. Estava pensando sobre todos os fatos da minha vida. Concluí que vivi uma noite escura perversa a qual me persegue até hoje—Constatou Estela.

—Você precisa superar. É verdade que tenha cometido muitas falhas. Mas sua carta e seu arrependimentos possibilitaram um milagre. Cabe agora seguir a vida com mais otimismo—Disse Maria.

—Espero conseguir. E quanto a situação dos fiéis no país? —Indagou a serva.

—Eu não posso parar mais meu filho. Já fiz todos os meus esforços ao meu alcance—Ressaltou a Imaculada.

—O que vai acontecer então? —Curiosamente a empregada.

—A França vai sofrer—Anunciou a bela mulher.

—Que triste! —Observou a jovem.

—Tenha coragem e confiança—Apoiou a aparição.

—Se eu disse isso, talvez ninguém vai acreditar em mim—Pensou a vidente.

—Eu digo antecipadamente, tanto pior para aqueles que não acreditarem, eles vão reconhecer a verdade das minhas palavras mais tarde—Anunciou Maria.

Dito isto, a mãe de Deus desapareceu deixando sua confidente ainda mais maravilhada com aqueles fatos. Realmente era uma honra participar destes momentos tão importantes. Continuaria, pois, na missão.

DÉCIMA SEGUNDA APARIÇÃO

01 de novembro de 1876

Era o dia de todos os santos. Já fazia um bom tempo desde a última aparição o que deixava nossa querida amiga um pouco triste e entediada. A experiência das visões era tão intensa e boa que ela sempre desejava repetir e foi o que aconteceu neste dia.

Aparecendo de forma comum, com os braços estendidos e usando o escapulário, a mãe de Deus observou ao redor e olhou em direção ao horizonte suspirando. Depois, abriu um largo sorriso transmitindo a serva um olhar de bondade. Em seguida, desapareceu sem dar explicações. Foi o suficiente para preencher o dia de felicidade daquela doce jovem.

DÉCIMA TERCEIRA APARIÇÃO

05 de novembro de 1876

Estela estava terminando de rezar o rosário quando viu a santíssima virgem.

—Oh, Senhora. Sinto-me indigna da missão que me propuseste pois tem tantas pessoas mais capacitadas do que eu para proclamar sua glória—Pensou a serva.

—Eu escolho você. Eu escolhi a mansa e suave para minha glória. Seja valente, sua tarefa está prestes a começar—Disse sorrindo a bela dama.

Após, a virgem santíssima cruzou as mãos desaparecendo na imensidão da noite.

DÉCIMA QUARTA APARIÇÃO

11 de novembro de 1876

Durante alguns dias, esta especial serva de Nossa Senhora se engajou repetidamente em orações buscando inspiração e auxílios dos céus na resolução de suas dúvidas mais críticas. Em dado momento, ela bradou a seguinte frase:

—Lembre-se de mim, Santíssima Virgem Maria.

Imediatamente, a bela senhora apareceu esbanjando um belo sorriso.

—Você não desperdiçou seu tempo hoje, você trabalhou para mim—Disse.

—Você se refere ao Escapulário que fiz? —Indagou a moça.

—Sim. Meu desejo é que faça muitos—Confirmou Maria.

Um silêncio inquietante pairou entre as duas. A expressão da virgem mudou repentinamente de alegria e para tristeza. Concluiu recomendando:

—Coragem!

Manuseando o escapulário e cruzando as mãos, seu espírito desapareceu. Agora, sua amada devota ficaria sozinha tendo que cuidar de suas obrigações.

ÚLTIMA APARIÇÃO
08 de dezembro de 1876

Fazia quase um mês sem aparições da amada virgem para sua devotada serva. Este fato a deixava muito preocupada e pensativa. Ela não parava de pensar nisso na missa que participou. Ao retornar para casa e ficar na privacidade do seu quarto, ela apareceu gloriosamente naquilo que seria a última vez.

—Minha filha, você se lembra das minhas palavras? —Perguntou a virgem.

De súbito, as mais importantes palavras da virgem vieram à tona especialmente com relação à devoção do Escapulário e outros segredos.

—Sim, me lembro perfeitamente, minha mãe—Confirmou a serva.

—Repita essas palavras muitas vezes. Elas vão ajudar você durante suas trilhas e tribulações. Você não me verá mais—Revelou Maria.

—O que deve ser de mim, mãe santíssima? —Desesperou-se a devota.

—Eu estarei com você, mas invisível—Consolou-lhe.

—Vi filas de pessoas empurrando contra mim e me ameaçando, isso me fez muito medo—Falou Estela.

—Você não precisa ter medo deles, eu vos escolhi para anunciar minha glória e divulgar esta devoção—Asseverou Nossa Senhora.

Maria segurava o escapulário nas mãos. A imagem era tão animadora que a serva teve uma ideia.

—Minha amada mãe, por favor, você poderia dar-me este escapulário?

—Venha beijá-lo—Consentiu Maria.

Aproximando-se, a empregada teve o prazer de tocar e beijar a relíquia sagrada o que se tornou o momento mais importante de sua vida. A conversa teve prosseguimento.

—Você mesma, vá ao Prelaat e presenteei-o com o modelo que você fez e diga-lhe que se ele ajuda-la me agrada mais do que ver os meus filhos usá-lo enquanto eles se afastam de tudo que insulta meu povo, enquanto meu filho recebe o sacramento do seu amor e faz todo o possível para reparar o dano que já está feito. Veja as graças que devo derramar sobre todos os que usam ter confiança em mim e ao mesmo tempo difundir esta devoção—Falou Maria.

Estendendo as mãos, a santa fez cair uma chuva abundante. Ela continuou:

— As graças que meu filho te concede são: Saúde, confiança, respeito, amor, santidade e todas as outras graças que existem. Ele não me recusa nada.

—Mãe, o que devo colocar do outro lado do escapulário?

—Eu tenho esse lado reservado para mim—Respondeu a mãe de Jesus.

O tom era de despedida. Uma tristeza inundou o ambiente sabendo ser este o último contato na terra entre as duas.

—Coragem, se ele não fizer o que deseja, vá mais para cima. Não tenha medo. Vou ajuda-la—Recomendou Maria.

Ao dar uma volta pelo quarto, seu espírito voou e desapareceu pelas frestas do quarto. Estava dada por encerrada esta sequência de aparições. Bendita seja a nossa mãe!

Nossa senhora de Knock
Irlanda
21 de agosto de 1879

Knock era uma pequena aldeia com cerca de dez casas. A aparição se deu numa noite tempestuosa e fria: Exatamente na parede do fundo da capela surgiram três pessoas muito belas e um altar. Duzentas pessoas estavam no local neste instante e puderam testemunhar que ali se encontravam Maria, José e São João Evangelista. As visões se repetiram em outras ocasiões e devido a ocorrência de milagres relacionados ao fato, foram tidas como verídicas pela Igreja Católica

As aparições na China
NOSSA SENHORA DE DONG-LU
1900

A China sempre foi um palco de resistência em relação à expansão do cristianismo. No entanto, Nossa senhora sempre procura a conversão dos seus filhos. Fato milagroso ocorreu em junho de 1900.Na época, perseguidores cristãos cercaram o arruado de Dong Lu prestes a exterminar os resistentes. Foi quando a Imaculada apareceu cercada por anjos. Isso foi o suficiente para aterrorizar os opositores e fazê-los correr em debandada.

Salvos do perigo, os moradores construíram um templo em honra a Maria como forma de agradecimento. Em seguida, o santuário foi reconhecido como centro de peregrinação oficial, foi concedido um dia de festa em honra a Nossa Senhora e por último, consagração do país ao seio da virgem Mãe.

O regime comunista da China era o principal antagonista do crescimento do cristianismo na região. Sentindo-se ameaçado, o dito governo reuniu uma tropa de cinco mil soldados além de dezenas de carros blindados e helicópteros atacando o santuário Mariano. A ação resultou em confisco da estátua da virgem Maria e prisão de muitos sacerdotes.

Tida como religião ilegal, o cristianismo é continuamente perseguido na China. Os cristãos na região costumam exercer a religiosidade de forma sigilosa a fim de evitar retaliações. Ainda assim, muitos deles desapareceram ou ficaram presos. É a verdadeira batalha do bem contra o mal.

Um fato que entristeceu o povo católico do mundo foi quando os comunistas destruíram a Igreja de Dong-Lu por ocasião das Olímpiadas de Pequim. Entretanto, a Imagem de Nossa Senhora da China ficou intacta pois não fora encontrada pelos anticristãos.

Nossa Senhora é rainha também da China. Mesmo que Satanás prossiga com sua perseguição não haverão de faltar católicos neste que é o país mais populoso do mundo. Prova disso são as inúmeras aparições relatadas em Dong-Lu. Oremos por todos os nossos irmãos de fé Chineses.

NOSSA SENHORA DE QING YANG
1900

Havia uma camponesa desta região a qual se encontrava bem doente. Ela procurou todos os médicos que conhecia. Entretanto, nenhum tratamento recomendado surtira efeito.

Certa vez, estava a caminhar no campo quando uma bela senhora usando um longo vestido branco e uma faixa azul lhe apareceu no caminho.

—Recolha a erva desta zona. Faça um chá e beba. Prometo sua cura em breve.

—Está bem, Senhora. Farei como me pede.

A camponesa obedeceu a ordem dada recolhendo ervas dali. Ao retornar para casa, tomou o chá. Conforme prometido, melhorou em pouco tempo. Ela só descobriu de quem se tratava a bela aparição ao constatar a mesma imagem retratada na casa dum católico. Nisto, a notícia se espalhou pela região e por todo o país.

Devido as circunstâncias, a diocese se incumbiu de comprar o terreno em que a santa aparecera construindo em sequência uma capela e posteriormente uma Igreja.Com o passar do tempo, a peregrinação ao local só aumentou consolidando-se como um dos templos marianos mais importantes do país.

NOSSA SENHORA DE SHESHAN
<u>Xangay-china-1900</u>

Xangai se localiza na costa leste da China. Por sua posição estratégica, junto ao vale do Rio Yangzi, se tornou porta de entrada dos missionários católicos objetivando evangelizar a China. Assim que se estabeleceram no país, eles construíram um santuário dedicado à Nossa Senhora de Sheshan no oeste da cidade. Ao lado, também foi levantado uma casa de retiros com a finalidade de abrigar os Jesuítas reformados.

O grande feito de Nossa Senhora na região foi ter salvo a diocese do ataque promovido pela rebelião Taiping.Como forma de agradecimento, os cristãos locais ergueram uma basílica em honra da mãe de Deus tornando-lhe a protetora especial da diocese de Xangai.

Com a realização da primeira conferência dos bispos, a imagem de Xangai foi adotada como Nossa Senhora Rainha da China. Por conta da revolução cultural, a imagem original de Nossa Senhora foi destruída sendo recolocada outra imagem em abril de 2000.Uma cópia desta estátua foi entregue ao papa Bento XVI sendo nomeada "Nossa Senhora de Sheshan". Este é um dos mais importantes centros Marianos do país onde verdadeiramente a santa esmaga a cabeça da serpente representando a vitória do bem contra o mal.

www.ingramcontent.com/pod-product-compliance
Lightning Source LLC
LaVergne TN
LVHW020445080526
838202LV00055B/5351